oskar kabel

AF206066

hoaxlyrik

20 egomorphe effekte

fragmente 0001 – 0020

aus dem 1000teiligen zyklus

BoD 2020

kurzbio

oskar kabel, geb. 11. mai 1994 in würzburg, lyriker, progressive poesie. lebt in wiesbaden. / nach einer reihe. jugendsünden. ziehe ich einen strich. unter notiertes. und beginne. neu. ein tausendteiliger zyklus: "hoaxlyrik – egomorphe effekte". ein poetisches experiment. erste fragmente veröffentlicht im poesiesalon.de. ann cotten meint, ich betreibe prätentiösen solipsismus: "insgesamt klingts wie eine parodie, ein hoax" (zitat 29.4.2019). das inspirierte. mich. zur titelfindung.

online publiziert:

lyrikszene.jimdo.com/forum/oskar-kabel/

social media:

facebook/progressivepoesie

instagram/progressivepoem

twitter/progressivepoem

kontakt:

facebook.com/kabelbrandung

hoaxlyrik@hotmail.com

Impressum

hoaxlyrik © 2020 Kabel, Oskar

Herstellung und Verlag: BoD – Books on Demand, Norderstedt

ISBN 9783750435520

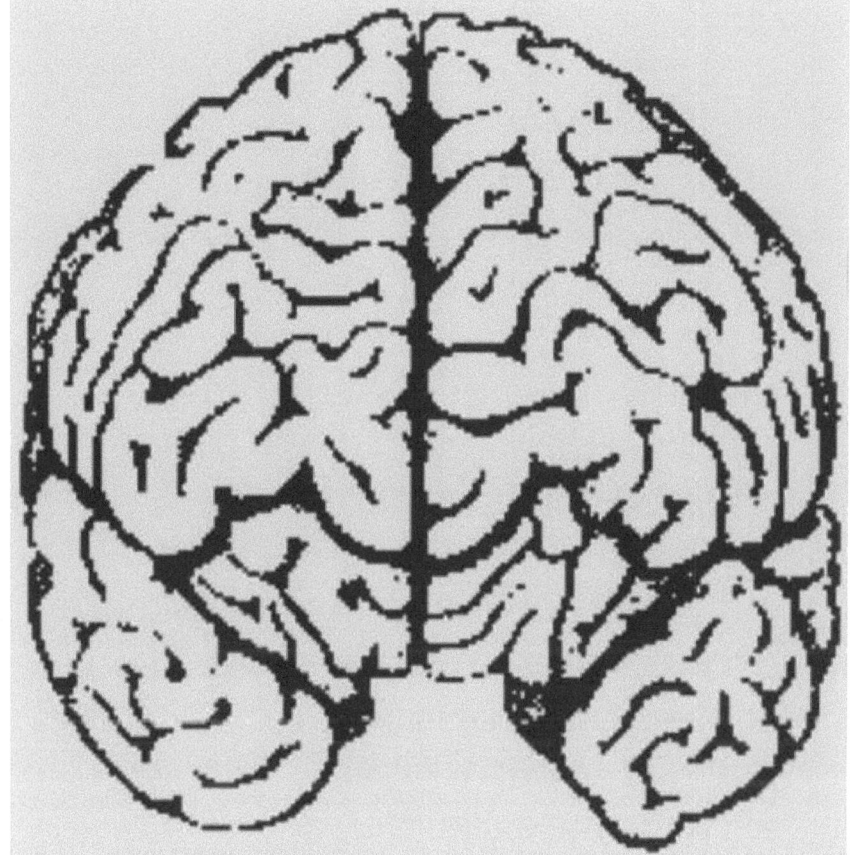

oskar kabel [27. april 19]

0001

die unheilbare.
anorexie des universums.
im endstad
              i
                u
multimedialer m. assenmörder.
kreischender kinder.
panischer pleonasmen.
die literatur ohne vergangenheit.
aufgeteilt auf verrostete raumschiffe.
ohne computer. bücherregale.
echtes papier, bedruckt.
mit echten buchstaben.
als geheime exilkult u
an sprachlosen ausse r. irdischen.
vorbeigleitend...

oskar kabel [28. april 19]

0002

gottes endlosglocken.
das echo der galaxienhaufen.
fusionskunst des regenbogens.
lichtdurchflutete mütter.
mehrdimensionale brüste.
meine seele, aufg   e   angen.
randlos wie der klan   g.
der klang des ganzen.
stilblütenweisses rauschen.
ich bin ein geborener.
alles   schieht jetzt.
das   g   hirn absolut.
atemlos   elektrizität.
                    e
wenn der sommer kommt.
kommt der sommer.

oskar kabel [01. mai 19]

0003

spätgeboren. frühg   reift.
die schafe. im trock e nen, alle.
das digitale. weit verbreitet.
ich führe kein selbstgespräch.
ich spr   che mit meinem spiegelbild.
im spi e gel, das selbst. das andere.
vorweggenommener gre i
mit meiner heutigen   s. timme.
wiedererkennungseffekt.
die literatur geht durch die ohren.
magst du mich? abholen?
wir könnten ei   e kleinigkeit.
essen gehen. n iemand wartet.
ein leben, ohne termine.
du bist. kein spiegelbild.
du bist.

oskar kabel [02. mai 19]

0004

säbelzahntiger. und andere.
sprachen. gibt es.
nicht mehr. die natur ist.
in progress. wir st   lpern über. das.
bedauernswerte. w   hltemperierte.
beerdigungen. mit f   rmvollendeten.
                o
ritualen. verzweifelt n t logische.
rätsel enträtselnd. rätsell o ses.
verrätselnd. dinge verdinglichend.
dingloses auch. zu viele welten.
für jedes gehirn. ist etwas. dabei.
geredet. wird tr o zdem.
mein großvater is t tot. talentiertes.
restjahrhundert. oh n vorfahren.
this is. a german. po e m.

oskar kabel [04. mai 19]

0005

blank geputzte. schädel, entfernte.
höhlenmalerei. bewusstseinsfalle.
das neu r   logische planetarium.
unter str o m. sternenstaub. rieselt.
die dinge. die dinge. die dinge.
das eine auge. das zweite auge.
das dritte. jet z wird es spannend.
das licht. dring t. durch den blinden.
fleck. in den gedankenhimmel.
hinter dem spiegel. die dinge.
erscheinen als dinge. und zwingen.
uns. ihre namen auf. alles begann.
bei dem blinden fleck, i esem loch.
in der wahrnehmung. d urch das. die.
gesamte wirklichkeit strömt. jetzt.
hat. das hirn stoff. zu verarbeiten.

oskar kabel [13. mai 19]

0006

menschheitsepochen. sind keine.
architekturen. zeugen von zukunft.
kommen und gehen. die liebe.
hat sich. erfüllt. eine kultur. eine.
maschinerie. eine endlose episode.
gefangene und befreite. das spiel.
eine frage. eine frage. drei fragen.
bleiben. keine   riege. krankheiten.
behinderte.   k inder. und greise.
gott. religionen. glaubenssachen.
die liebe. der raum zwischen. den.
wänden. das letzte. treffen. der.
menschheit. herzpochen. 1 einziger.
sonnenstrahl. leuchtende. organe.
strahlender geist. wind. wasser.
atommüll. verlassene galaxie.

oskar kabel [13. mai 19]

0007

mystifizierung. des trivialen. das neue.
goldene zeitalter. bricht aus. der gedanken-
strom. fordert. viele. menschenleben.
in nächster umgebung. verglühen. verstei-
nerte metaphern. zerplatzen. arglose alliter-
ationen. zuerst unterwandern. die bienen.
die weltpol i t k. das vernetzte nanoplastik.
plant. eine fe i nstoffliche revolution. elektro-
nische träume. telepathieren mit analogen.
algorithmen. e i klimaforscher. findet den.
gral. im zwische n menschlichen. schweigen.
die ersten suizidalen cyborgs. programmieren.
ihren zentralrechner. a u   langeweile.
auf multidimensionale   s exspiele.
mit leicht verständlichen liebesgedichten.
und happy reset. rese. res. re. r.   .

oskar kabel [21. mai 19]

0008

manche momente. ble   ben. banal.
unabhängig davon. w i e vornehm.
das ambiente dazu verführt. alle.
beteiligten. als legendär. und tief-
sinnig. zu empfinden. es sind nur.
andere lebenserfahrungen. andere.
schicksa l   andere hoffnungen.
andere s e. hnsüchte.   ndere ziele.
erfolge. pechsträhnen. a pplause.
die bühne. ist überall. das skript. die.
welt. die dekoration. die aufregung.
die after h owparty. backstage.
das selb s twertgefühl. als groupie.
oder gar stalker. der eigenen seele.
die fremdheit. im eig n en. körper.
kompensiert. durch e rhabenes.

oskar kabel [03.-09. juni 19]

0009

mitten. in der stadt. ein gefühl.
von strand. und verlust. hier ist.
routine. hier ist. der alltag. hier ist.
was jeder. jeden tag. tut. oder lässt.
das erlebte. verschwindet. sofort.
nachdem. es. wahrgenommen.
wurde. i c   habe sehnsucht. nach...
dem versc h. wundenen. ich. möchte.
verschwinden. das verschwindende.
sein. das einzig wahre. das wirkliche.
der strom. das fließen. die fluten.
das realitätslose. die freie bewegung.
aller. moleküle. jenseits der objekte.
jenseits. des objektivierbaren. das.
dauernde. verdunsten. der tropfen.
im strengen. sonnenstrahl. jetzt.

oskar kabel [22.-27. juni 19]

0010

müdigke i umfassende, gnadenlos
vereinhei t. lichte. müdigkeit. ohne.
reserven. ndgültige. müdigkeit.
die groß e . aufopferung. sämtlicher.
weltformeln. konzepte. theorien.
über. das leben. den fortschritt. und:
die kultur. im allgemeinen. und: im
speziellen. die große. aufkündigung.
aller g   sammelter daten. die letzte.
wahrh e it. hat sich. versch o b   n.
vom neuronalen. ins digitale. d i e .
reizüberflutung. ist jetzt. zu e de.
der ganze. reale. wahnsinn. fi n det.
nicht mehr. im kopf. statt. die welt.
wird. nicht meh . durch meine augen.
gesehen. die pe r son. hat genug.

oskar kabel [11./12. juli 19]

0011

alle. autos.   a hren. noch. alle.
flugzeuge. f   liegen. noch. alle.
fabriken. produzieren.   o ch. alle.
geschäfte. verkaufen. n och. alle.
berufst ä   i gen. arbeiten. noch. alle.
sportler. t rain i   ren. noch. alle.
reinigungskräft e . putzen. noch. alle.
politiker. warten. noch. alle. kinder.
spielen. noch. alle. liebenden. lieben.
noch. alle. mörder. morden. noch. alle.
mediziner. heilen. noch. alle. urlauber.
sonnen. sich. baden. chillen. trinken.
cocktails. hören. chilloutmusik. und.
genießen. die ruhe. den frieden. das.
panorama. die gute stimmung. die.
gute. laune. das. weltklima. den. tod.

oskar kabel [25. juli 19]

0012

wir. verbrennen. wir. verglühen. wir.
verschwinden. von der erde. wir.
überwinden. die selbstgemachte.
hölle. wir. überlisten. den natürlichen.
prozess. wir.   e ö i gen. keinen.
meteoriten. wir. b n t g en. keine.
erdbeben. wir. holzen. den sauerstoff.
ab. wir. kontaminieren. den boden.
wir. essen. bunte pillen. wir. trinken.
naturidentische. biosäfte. wir. sitzen.
im elektrisch verstellbaren. sessel.
und. schauen. durch. digitale. augen.
auf den a chrichtensprecher. der.
von na n oplastik. spricht. das. in.
unseren adern. zirkuliert. um. jeden.
weltschmerz. als fake. zu entblößen.

oskar kabel [30. august 19]

0013

bald. haben wir. bäume. neue. viele.
bäume. aus dem blauen. wird der.
grüne planet. aus dem blauen. blut.
l i eßt. das flüssige. gold. in die
f urchen. der äcker. das korn wird.
vergoldet. die bauern. fahr e n. die.
goldernte. ein. und die bäck r.
backen. das goldbrot. für alle. wir.
werden. die neue. vergoldete.
menschheit. sein. und. wir. reden.
in goldenen engelszungen. von
goldenen dingen. sogar. die pupillen.
sind golden. wir sehen. in jedem.
augenwinkel. das goldene. zeitalter.
und spüren. durch   e den. atemzug.
diese. große fünfte j ahreszeit.

0014

jeder. mensch. i t. ein. ganz. & gar.
eigenes. univer s um. ein paradies.
und. ein abgrund. e n hoffen. & los-
lassen. ein selbstse n. ein nichtssein.
ein glauben. & zwe feln. ein not-
dürftiges. endstad i um. mit implan-
tiertem todeswunsch. von geburt.
an. dem jenseits. geweiht. das. alle.
körper assimiliert. die dem höchsten.
prinzip. i r   e ndwo. angeschraubt.
werden. or g ane. gedanken. sterne:
sind. gottes botox. sein defin erter.
geist. in hülle. und fülle. gehe i ligt.
werde. seine natur. sein letzter name.
seine unermessliche. dunkle. energie.
komme. alles. geschehe. beim atmen.

oskar kabel [27. oktober 19]

0015

unter acht. milliarden. menschen.
muss doch. hin. und wieder. etwas.
hirn. geboren. werden. etwas denk-
vermögen. 2023, acht. milliarden.
menschen. sind dann. da. wo vorher.
eine komplett andere. mannschaft.
spielte. abwehr. torwart. mittelfeld.
und stürmer. sind den geistern. der
vergangenheit. noch nie begegnet.
dieses gedicht. hat keine lücken.
fast vollständige. satzeinheiten. für.
die ausgetauschte. menschheit. zehn.
milliarden. neue. menschen. die das.
ganze erbe. antreten. oder vergessen!
wenn die frauen. das gebären. nur 1 x
boykottieren. ist es. für immer. aus.

oskar kabel [14. november 19]

0016

sie. sitzen. in sesseln. sie. fahren.
in autos. sie. fliegen. in flugzeugen.
sie. rechnen.   u nd. recherchieren.
an ihren comp   tern. und. denken.
nicht. an   sinn. an das ende.
und. an   den   anfang. der dinge.
sie. sind. ein ding. unter anderen. sie.
bewegen. sich. wie ein ding. unter
anderen. ihre körper. funktionieren.
wie puzzleteile. die lebenslänglich.
nach passenden dingen. s uchen.
sie. essen. sie. schlafen.   i e. stehen.
auf e-scootern. und. lassen. die welt.
an sich. vorüber. gleiten. als hätte.
ihr bewusstsein. ein e   kommando-
zentrale. dort. hin t   r. den sternen.

oskar kabel [15. dezember 19]

0017

produktionsstätte. endloses fließ-
band. es sprießt. und gedeiht. und.
ist doch. von anbeginn. schon. im.
tiefsten. inneren. vermaledeit. das.
ist. die welt. die ganze. welt. das.
weltganze. gebenedeit. in se i e r.
unendlichen. selbstausbeutu n g.
es produziert. den   o d. auf raten.
es sondert. automa t ische. rituale.
ab. es sondert. diverse boykottver-
suche. ab. es schaut. sich zu. wie.
es sich selbst. zuschaut. es sagt: ich.
bin. gott. ich. bin. das ganze. ich. bin.
unendlich. ich. denke. mich. selbst.
ich. bin. das. produkt. des urknalls.
ich. blühe. ich. welke. ich. bin. da.

oskar kabel [16. dezember 19]

0018

fast. alle körperzellen. nach 7 jahren.
komplett. ausgetauscht. fast. alle.
organe. rundumerneuert. sogar. das.
herz. und. die nieren. die lunge. und.
das gesicht. alles. neu. alles. ich. alles.
derselbe. mensch. und doch. nichts.
von dem gestrige n fleisch. außer:
die hirnzellen. s y   a psenstrom. das.
bewussts e i dieselbe. materie. bis.
zum bittere n. ende. neuronenkraft.
ohne alterung. ohne klonprogramm.
die gedanken. sind. frei. vom verfall.
das gedächtnis. besteht. aus. den.
selben molekülen. wie zur geburt. ich.
erinnere. mich. an das ganze. gelebte.
fremdkörpergefühl. aus erster hand.

oskar kabel [18. dezember 19]

0019

ruhe. absolute. ruhe. die menschheit.
steht. endlich. still. die passanten.
passagiere. touristen. kranke. tote.
scheinheilige. politiker. senioren.
kinder. eltern. erzieher. das ganze.
volk. der fernseher. hängt. die szene.
als stotterndes. standbild. mitten im.
ereignisablauf. ein   e f roren. in die
augen. des zufälli   e n. gegenübers.
gestarrt. die au   g   en. beginnen.
zu tränen. erstarrt.   e r trott. das
ganz normale. spiel.   e s alltags. am
beliebigen. punkt.   e s geschehens.
aufgewacht. aus   i eser. hypnose.
                  dddd
urschreie. sinnfragen. reset button.

oskar kabel [27./28. dezember 19]

0020

dieses gedicht. findest du. weder auf
twitter. noch auf instagram. es steht.
gedruckt. zwischen. zwei weiteren.
seiten. papier. und es kann. mit den
eigenen. augen. gelesen. werden.
dies. ist. der ultimative. alg   rithmus.
                                o
des geistes. er dokumenti   rt. eine.
vergangenheit. die erst. in   inigen
tagen. geschieht. dieses g   dicht.
wird. von einem echten. m   nsch aus
strom und genen. geschri   ben. es.
erheischt. keinerlei aufm   e   rksam-
keit. über "social media". dies ist der.
letzte virus. der sich. noch. analog.
verbreitet. wie wind. auf mutter. erde.